AF525249

Maija Aurea

5 ASKELTA VAPAUTEEN

Ratkaisukeskeisen itsehoidon opas
parisuhdenarsismin uhrille

Kannen suunnittelu: Maija Aurea
Sisuksen taitto: Maija Aurea
Kuvat on luotu DALL·E-tekoälytyökalulla (OpenAI).
Kuvien kaupallinen käyttö on tehty noudattaen DALL·E:n käyttöehtoja.

Kustantaja: BoD · Books on Demand, Mannerheimintie 12 B, 00100 Helsinki, bod@bod.fi
Kirjapaino: Libri Plureos GmbH, Friedensallee 273, 22763 Hampuri, Saksa

ISBN: 978-952-80-8402-0

Sisällys

1.Johdanto

Tämä opas on tarkoitettu itsehoidolliseksi tueksi kaikille, jotka ovat kokeneet erilaisia väkivallan muotoja narsistisessa parisuhteessa, haluavat irtautua, toipua ja vahvistua tulevaisuutta varten.

Narsistinen suhde jättää syviä haavoja itsetuntoon ja kykyyn luottaa ihmisiin. Tällainen suhde sisältää tyypillisesti pitkäkestoista henkistä väkivaltaa, manipulointia ja syvälle ulottuvaa kontrollointia, jotka hämärtävät uhrin kykyä nähdä tilanteensa realistisesti.

Oivallus siitä, että on suhteessa narsistisen henkilön kanssa, voi olla pysäyttävä, jopa shokeeraava hetki. Ensimmäinen askel parempaan on tunnistaa tilanteensa ja ymmärtää, että narsistinen suhde ei ole normaalia tai tervettä. Seuraavat vaiheet keskittyvät suhteesta irtautumiseen, koetuista traumoista toipumiseen ja oman itsen vahvistamiseen, jotta tulevaisuudessa olisi resurssia suojella itseään vastaavalta.

Opas perustuu ratkaisukeskeisen lyhytterapian malliin, jonka keskiössä ovat ihmisen omat voimavarat ja eteenpäin suuntautuminen. Ratkaisukeskeinen lähestymistapa tarjoaa konkreettisia työkaluja, joiden avulla voi pohtia tilannettaan, vahvistaa toimijuuttaan ja suunnata kohti parempaa tulevaisuutta.

Miten käyttää tätä opasta?

Voit käyttää tätä opasta askel askeleelta tai palata tiettyyn vaiheeseen silloin, kun se tuntuu ajankohtaiselta. Jokainen harjoitus on suunniteltu käytettäväksi itsenäisesti, ja voit tehdä ne omaan tahtiisi. Älä kiirehdi – jokaisen harjoituksen tarkoituksena on auttaa sinua siirtymään eteenpäin kohti vapaampaa elämää. Luota itseesi ja prosessiin. Sinulla on jo sisälläsi ne voimavarat, joita tarvitset muutoksen tekemiseen.

Matkasi ei ole helppo, mutta on mahdollinen. Jokainen pieni askel pois kauhuista, kohti vapautta ja hyvinvointia, on merkittävä. Tämä opas on suunniteltu tukemaan sinua jokaisessa vaiheessa.

Sinä voit onnistua.

2. Ratkaisukeskeisen itsehoidon perusoletukset

Ratkaisukeskeinen lyhytterapia perustuu ajatukseen, että sinulla on jo olemassa ne voimavarat ja kyvyt, joita tarvitset selviytyäksesi vaikeista tilanteista.

Tärkeintä on keskittyä siihen, mitä haluat saavuttaa tulevaisuudessa ja löytää konkreettisia askelia, jotka vievät sinua kohti tätä tavoitetta. Tämä opas auttaa sinua hyödyntämään ratkaisukeskeisiä menetelmiä itsehoidollisesti, olitpa sitten irtautumassa narsistisesta suhteesta, toipumassa siitä tai vahvistamassa itseäsi tulevaisuuden haasteita varten.

Perusoletukset, jotka ohjaavat työskentelyäsi:

***Sinulla on voimavarat ratkaista omat ongelmasi.**
Vaikka tilanne saattaa tuntua ylivoimaiselta, sinussa on jo olemassa ne voimavarat ja kyvyt, joita tarvitset selviytyäksesi ja edetäksesi kohti parempaa tulevaisuutta.

Pohdi hetkiä, jolloin olet onnistunut selviämään vaikeista tilanteista. Mitä silloin teit? Miten voit hyödyntää näitä samoja vahvuuksia nyt?

____

____

____

____

Itsehoitoharjoitus: Kirjoita kolme vahvuuttasi tai selviytymiskeinoa, jotka ovat auttaneet sinua aiemmin. Pohdi, miten voit käyttää niitä nykyisessä tilanteessasi.

____

____

____

____

***Tulevaisuus on tärkeämpi kuin menneisyys.**
Menneisyys on osa elämääsi, mutta se ei määritä tulevaisuuttasi. Keskity siihen, mitä haluat saavuttaa jatkossa ja millaiseksi haluat elämäsi muodostuvan. Sinun ei tarvitse jäädä kiinni menneisiin kokemuksiin.

Itsehoitoharjoitus: Kuvittele, millaista haluaisit elämäsi olevan vuoden kuluttua. Kirjoita muutama konkreettinen asia, jotka kuvastavat tätä tavoitetta. Millaisia pieniä tekoja voisit tehdä päästäksesi lähemmäs tätä tavoitetta?

____

____

____

____

____

***Muutos on mahdollista ja väistämätöntä.**
Vaikka tuntisit nyt olevasi jumissa, muutos on siitä huolimatta mahdollista. Jokainen askel kohti tavoitteitasi vie sinua eteenpäin. Älä odota täydellistä ratkaisua heti, vaan keskity pieniin edistysaskeliin.

Itsehoitoharjoitus: Mieti yksi pieni muutos tai teko, jonka voisit tehdä tänään. Kirjoita ja toteuta se.

____

____

____

____

____

***Mikä toimii, sitä kannattaa tehdä lisää.**
Kun huomaat jonkin toimivan elämässäsi, keskity siihen ja pyri lisäämään sen käyttöä. Voit löytää selviytymiskeinoja ja ratkaisuja, jotka jo nyt auttavat sinua pääsemään eteenpäin.

Itsehoitoharjoitus: Pohdi, mikä tällä hetkellä toimii elämässäsi – se voi olla jokin asia, joka tuo sinulle iloa tai helpotusta. Kirjoita, miten voisit tehdä tätä asiaa enemmän päivittäin.

____

____

____

____

____

***Ongelman syvällistä ymmärtämistä ei tarvita ratkaisuun.**
Sinun ei tarvitse analysoida tai ymmärtää ongelman kaikkia juuria voidaksesi löytää ratkaisuja. Keskity siihen, miten voit toimia nyt ja tulevaisuudessa, jotta elämäsi paranee. Menneisyyden analysoinnin sijaan keskity siihen, mitä voit tehdä tänään ja huomenna.

Itsehoitoharjoitus: Kirjoita yksi konkreettinen asia, jonka voit tehdä, jotta tilanteesi paranee, vaikka et ymmärtäisikään kaikkia ongelman taustoja.

____

____

____

____

____

***Sinä olet oman elämäsi asiantuntija.**
Sinä tiedät parhaiten, mikä toimii elämässäsi ja mikä ei. Luota itseesi ja omiin kykyihisi tehdä oikeita valintoja. Kukaan muu ei voi sanoa, mikä on sinulle paras ratkaisu.

Itsehoitoharjoitus: Kirjoita yksi asia, jonka tiedät toimivan hyvin sinulle ja elämässäsi. Miten voit hyödyntää tätä enemmän?

____

____

____

____

***Poikkeukset ongelmasta ovat tärkeitä.**
Ongelmat eivät ole aina läsnä. Pohdi hetkiä, jolloin asiat eivät olleet niin vaikeita. Mitä silloin tapahtui? Miten voit tuoda lisää näitä poikkeuksia elämääsi?

Itsehoitoharjoitus: Nimeä yksi hetki viime ajoilta, jolloin tilanteesi tai olosi tuntui paremmalta. Miten asiat olivat silloin toisin? Kirjoita, mitä teit tai mitä tapahtui ja pohdi, miten voisit toistaa sen tulevaisuudessa.

____

____

____

____

____

Asteikkokysymys kertoo edistymisestäsi

Pohdintatehtävä: Edistymisen arviointi asteikkokysymyksen avulla

Kuvittele asteikko, joka on 0:sta 10:een. 0 tarkoittaa, että asiat ovat huonoimmillaan, ja 10 tarkoittaa, että ongelma on ratkaistu, olet saavuttanut tavoitteesi ja voit hyvin.

- Missä kohtaa (jonkin asian suhteen, esim. mikä on vointisi parisuhteessa?) olet nyt tällä asteikolla?
- Mikä sai sinut asettamaan itsesi juuri tähän kohtaan, ei alemmaksi tai ylemmäksi?
- Mitä on tapahtunut, että olet päässyt tähän pisteeseen?
- Mitä muutosta tai askelia tarvitset, jotta voisit liikkua esimerkiksi yhdellä pisteellä eteenpäin kohti tavoitetta? Tai vain puolikkaan?
- Mitä tapahtuu, kun siirryt yhden pykälän ylöspäin?

____

____

____

____

____

____

____

Asteikkokysymys auttaa sinua ymmärtämään omaa edistymistäsi konkreettisesti ja asettamaan realistisia, pieniä tavoitteita prosessin eri vaiheissa. Asteikkokysymystä voidaan käyttää useita kertoja eri tilanteissa, kuten arvioitaessa toipumisen etenemistä, itsetunnon kehittymistä tai omien rajojen asettamisen onnistumista.

Asteikkokysymys on tehokas työkalu, jota voit hyödyntää kaikissa neljässä vaiheessa: oivaltamisessa (kuinka hyvin tunnistat tilanteesi), irtautumisessa (kuinka valmis olet toimimaan), toipumisessa (kuinka pitkällä eheytymisprosessissa olet), ja itsen suojaamisessa (kuinka vahva itsetuntosi ja rajojen asettamisesi ovat).

Ota asteikkokysymys käyttöön tässä prosessissa.

Missä numerossa olet nyt elämäsi suhteen?

Missä numerossa haluat olla sitten, kun prosessi on valmis?

Jokainen askel valaisee polkuasi
eteenpäin ja kertoo,
kuinka olet jo
tullut kohti tavoitettasi.

3.Ensimmäinen askel: oivallus narsistisesta parisuhteesta

Narsistisessa suhteessa eläminen voi hämärtää todellisuuden ja vääristää käsitystä omasta itsestä ja arvoista. Monet narsistisen suhteen uhrit ovat kokeneet pitkään jatkunutta henkistä väkivaltaa, mutta he eivät välttämättä ole tiedostaneet sitä ennen kuin jokin herättävä hetki tai tapahtuma saa heidät oivaltamaan tilanteensa. Tämän oivalluksen hetki voi olla monille vaikea ja hämmentävä, mutta se on ratkaiseva ensimmäinen askel kohti muutosta ja parempaa elämää.

Henkinen väkivalta voi ilmetä monin eri tavoin, kuten manipulointina, vähättelynä, jatkuvana kritisointina, alistamisena, sairaalloisena mustasukkaisuutena tai emotionaalisena eristämisenä. Narsistinen henkilö käyttää näitä keinoja hallitakseen ja kontrolloidakseen uhriaan, jolloin uhri menettää käsityksen omasta arvostaan ja todellisuudestaan. Monet uhrit joutuvat elämään jatkuvassa epävarmuuden ja pelon tilassa, eivätkä he enää kykene erottamaan, mikä on normaalia ja mikä ei.

Kun alat tunnistaa näitä käyttäytymismalleja ja havahdut siihen, että ne eivät ole normaaleja, otat ensimmäisen merkittävän askeleen kohti vapautumista. Tämä vaihe voi olla täynnä sekavia tunteita – epäuskoa, hämmennystä ja jopa häpeää. On tärkeää ymmärtää, että nämä tunteet ovat normaaleja, ja niiden kokeminen on osa toipumisprosessia. Tämä ei ole sinun syytäsi, ja sinulla on oikeus asettaa rajat väkivaltaiselle (henkinen tai fyysinen) käytökselle.

Pohdintatehtävä: Oivalluksen hetki

Ota aikaa miettiäksesi suhdettasi. Pohdi seuraavia kysymyksiä ja kirjoita ajatuksesi:

- Milloin aloin ensimmäistä kertaa huomata, että suhteessani oli jotakin vialla?
- Millä tavoin kumppanini on saanut minut tuntemaan oloni hallituksi tai arvottomaksi?
- Mitä konkreettisia tilanteita muistan, joissa tunsin minua kohdeltavan väärin?

____

____

____

____

____

____

____

Kirjoittamalla teet tilanteestasi selkeämmän ja konkreettisemman. Tämä harjoitus auttaa sinua tunnistamaan kokemuksesi ja näkemään ne objektiivisesti.

Pohdintatehtävä: Selviytymiskeinojen tunnistaminen

Vaikka olet kokenut henkistä tai muuta väkivaltaa, olet myös selviytynyt. Tiedosta omat voimavarasi ja selviytymisstrategiasi.

Kirjoita vastaukset seuraaviin kysymyksiin:

- Mitä keinoja olen käyttänyt selviytyäkseni tähän asti?
- Miten olen pitänyt itseni kasassa vaikeina hetkinä?
- Mitä pieniä tai suuria asioita olen tehnyt suojellakseni itseäni tai saadakseni hetkellistä helpotusta?

____

____

____

____

____

Nämä selviytymiskeinot ovat arvokkaita työkaluja, joita voit hyödyntää myös jatkossa. Ne osoittavat, että sinulla on jo voimavaroja, joita voit käyttää prosessissa eteenpäin.

Yhtäkkiä huomaat, että
sinulla on ollut työkaluja
ja voimia itsessäsi
koko ajan.

Vakauttamisharjoitus: hetkellisen rauhan ja vakauden löytäminen

Kun alat oivaltaa, että olet elänyt narsistisessa suhteessa ja sinua on manipuloitu ja alistettu, tunteesi voivat olla hyvin voimakkaita. On normaalia tuntea pelkoa, ahdistusta, surua tai vihaa. Nämä tunteet voivat kuitenkin tuntua ylivoimaisilta, ja siksi on tärkeää löytää keinoja rauhoittaa itseään ja vakautua tunnepyörteestä takaisin nykyhetkeen.

Tämä harjoituskokonaisuus auttaa sinua vakauttamaan tunteitasi ja tuntemaan olosi turvallisemmaksi, vaikka olisit henkisesti myrskyisässä tilanteessa. Voit käyttää valitsemiasi osia.

Ohje:

1.Hengityksen tasaaminen.

Hengitys on yksi yksinkertaisimmista ja tehokkaimmista tavoista vakauttaa itseään. Aloita hengittämällä syvään nenän kautta ja puhalla ilma hitaasti ulos suun kautta.

Toista tätä 5–10 kertaa, kunnes tunnet hengityksesi rauhoittuvan. Keskity siihen, miten hengitys liikkuu sisään ja ulos kehostasi.

2.Huomioi fyysinen ympäristösi.

Katsele ympärillesi ja kiinnitä huomioita viiteen asiaan, jotka näet ympärilläsi. Voit nimetä nämä asiat ääneen tai mielessäsi: esimerkiksi "Näen puun ulkona ikkunasta", "Näen pöydän edessäni". Tämä harjoitus auttaa sinua ankkuroitumaan nykyhetkeen ja pois tunteita herättävistä ajatuksista.

3.Tunne fyysinen kehollinen tuntemus.

Keskity siihen, miltä kehossasi tuntuu. Tunnista kolme asiaa, jotka tunnet kehossasi juuri nyt. Se voi olla vaikkapa, miten jalkasi koskettavat lattiaa, tuolin tuki selkääsi vasten tai ilmavirran tunne ihollasi.

Näiden tuntemusten kautta voit palata kehoosi ja maadoittaa itsesi nykyhetkeen.

4. Käytä 5-4-3-2-1 -vakautusharjoitusta.

Tämä on yksinkertainen ja tehokas menetelmä, jonka avulla voit vakauttaa itsesi stressaavassa tilanteessa.

Käy läpi seuraavat kohdat ja kiinnitä huomiosi jokaiseen:

- 5 asiaa, jotka voit nähdä ympärilläsi.
- 4 asiaa, joita voit koskettaa tai tuntea (esim. jalkasi lattiaa vasten, vaatteiden tuntu ihollasi).
- 3 asiaa, jotka voit kuulla (esim. kellon tikitys, tuulen humina).
- 2 asiaa, jotka voit haistaa (esim. kahvin tuoksu, raikas ilma).
- 1 asia, jonka voit maistaa (tai huomata suusi maku juuri nyt).

5. Vakauttava lause.

Kun tunnet olosi vakaammaksi ja rauhallisemmaksi, valitse lause, joka vahvistaa turvallisuuden tunnettasi ja muistuttaa sinua siitä, että olet nyt turvassa.

Esimerkiksi: *"Olen tässä ja nyt, olen turvassa."* Tai: *"Minä hallitsen tämän hetken."* Toista tätä lausetta itsellesi, kun tarvitset vakautta ja rauhaa.

Huomioitavaa: Löydä oma vakautumiskeinosi.

Testaa eri vakautumisharjoituksia ja huomaa, mikä toimii sinulle parhaiten. Kirjoita ylös, mitkä harjoitukset tuovat sinulle eniten rauhaa ja vakautta. Voit palata näihin harjoituksiin aina, kun tunnet ahdistusta tai olosi on kaoottinen.

Vaikka et kokisi akuuttia stressiä, harjoittele vakautumista säännöllisesti, jotta siitä tulee sinulle tuttu ja helppo tapa käsitellä tunteitasi.

Maadoittuminen on kuin juurtuisit
vakaasti maahan myrskyssä –
löydät sisäisen rauhan
kaiken kaaoksen keskellä.

Ihmekysymys

Ihmekysymyksen logiikka on, että se ohittaa ongelmakeskeisen ajattelun vaiheen ja kutsuu suoraan kuvittelemaan ratkaistun tilanteen. Tällöin ihminen alkaa tunnistaa omia voimavarojaan ja haluttua muutosta tukevia konkreettisia yksityiskohtia, mikä puolestaan fokusoi huomion tulevaisuuden mahdollisuuksiin.

Ohje:

1. **Kuvittele, että yön aikana nukkuessasi tapahtuu ihme.**

   Kun heräät aamulla, kaikki ongelmasi – erityisesti ne, jotka liittyvät narsistiseen suhteeseen ja sen vaikutuksiin – ovat poissa. Et tiedä, että tämä ihme on tapahtunut, mutta tunnet ja huomaat sen tuottamat muutokset elämässäsi.

2. **Miten huomaat, että ihme on tapahtunut?**

   Kuvittele, millaisia konkreettisia asioita elämässäsi on muuttunut. Mitä teet ensimmäisenä herättyäsi? Miltä olosi tuntuu? Miten toimit tai käyttäydyt? Missä olet ja kenen kanssa? Miten muut huomaavat sinussa tapahtuneen muutoksen?

3. **Kuvittele yksityiskohdat.**

   Käy mielessäsi läpi päiväsi – mitä uusia asioita huomaat elämässäsi, nyt kun tämä ihme on tapahtunut? Onko sinulla enemmän energiaa, tunnetko enemmän iloa tai vapautta? Miten käytännön elämäsi on muuttunut?

Tämä voi auttaa sinua selkiyttämään, mitkä asiat ovat sinulle tärkeimpiä ja luomaan tavoitteita, joiden saavuttamiseksi voit alkaa tehdä pieniä konkreettisia askelia.

4.Pohdi pienimpiä mahdollisia askeleita.

Mieti, mikä on pienin mahdollinen askel, jonka voisit ottaa jo tänään päästäksesi kohti tuota elämää ja tavoitteitasi. Se voi olla jokin pieni teko, ajattelutavan muutos tai askel hyvinvointisi vahvistamiseksi.

4. Toinen askel: irtautuminen narsistisesta parisuhteesta

Irtautuminen narsistisesta suhteesta on vaikea ja monivaiheinen prosessi. Narsisti saattaa yrittää manipuloida, syyllistää tai kontrolloida entistä tiukemmin, kun irtautumisprosessi alkaa. Tämä voi lisätä uhrin epävarmuutta ja pelkoa. Irtautuminen on kuitenkin välttämätön askel kohti ehjää ja tasapainoista elämää, sillä narsistisessa suhteessa ei ole tilaa tasavertaisuudelle, kunnioitukselle tai emotionaaliselle turvallisuudelle.

Irtautuminen tuntuu vaikealta, koska narsistinen suhde on täynnä ristiriitaisia tunteita. Saatat tuntea rakkautta ja kiintymystä kumppaniasi kohtaan, mutta samalla ymmärrät, että suhde on vahingollinen. Ehkä uskot ihmisistä pelkkää hyvää tai olet tottunut palvelemaan muita. Narsistinen puoliso käyttää erilaisia manipuloivia keinoja kiinni pitämisessä. Lupaukset muuttua tai syyllisyydentunteisiin vetoaminen ovat tällaisia. Muista, että sinulla on oikeus irtautua suhteesta, joka ei palvele hyvinvointiasi.

Tavoitteen asettaminen ja selkeyttäminen

Ensimmäinen askel irtautumisessa on selkiyttää itsellesi, miksi haluat lähteä suhteesta. Ilman selkeää tavoitetta ja päämäärää narsistin manipuloivat taktiikat voivat vetää sinut takaisin. Irtautumisprosessi vaatii päättäväisyyttä, ja selkeä tavoite auttaa sinua pitämään suuntasi.

Pohdintatehtävä: Tulevaisuudenkuva

Ota hetki aikaa ja kuvittele, millaista elämäsi olisi ilman tätä suhdetta. Kuvittele yksityiskohtaisesti, mitä teet, keitä ympärilläsi on, ja millaista on herätä aamulla ilman jatkuvaa henkistä painetta.

Kirjoita vastaus seuraavaan kysymykseen: Miltä elämäni näyttäisi ja tuntuisi, jos en olisi enää tässä suhteessa?

____

____

____

____

____

Tämä tehtävä auttaa sinua konkretisoimaan, mitä voit saavuttaa irtautumalla suhteesta. Kun näet edessäsi mahdollisen uuden elämän, on helpompi keskittyä tavoitteeseesi ja suunnitella seuraavat askeleet.

Pienten askelten strategia

Irtautuminen ei yleensä tapahdu yhdellä kertaa, vaan se vaatii useita pieniä askeleita. On tärkeää tunnistaa nämä askeleet ja edetä niiden mukaisesti. Pienet konkreettiset toimet antavat sinulle voimaa ja uskoa siihen, että irtautuminen on mahdollista.

Pohdintatehtävä: Pienet askeleet irti suhteesta

Mieti yksi pieni konkreettinen askel, jonka voisit ottaa kohti irtautumista. Tämä askel voi olla käytännöllinen, kuten keskustelu ystävän kanssa tai ammattiavun hakeminen. Se voi olla myös emotionaalisesti rajaava, kuten päätös olla vastaamatta narsistin manipuloiviin viesteihin.

Kirjoita tämä askel ja aseta itsellesi realistinen aikataulu, milloin aiot toteuttaa sen. Tämä voi olla pieni, mutta merkittävä alku kohti suurempaa muutosta.

____

____

____

Esimerkkejä pienistä askeleista, joita voit ottaa

- Aloita päivittäinen päiväkirjan kirjoittaminen omista ajatuksistasi ja tunteistasi, jotta pystyt seuraamaan edistymistäsi.
- Kartoita oma tukiverkostosi: kuka läheisistäsi voi auttaa sinua, jos tarvitset tukea?
- Ota yhteyttä ammattilaiseen, kuten terapeuttiin, lastenvalvojaan tai juristiin (mikäli yhteisiä lapsia tai omaisuutta), keskustellaksesi vaihtoehdoista.

Ymmärrys ja päätöksenteko

Irtautuminen narsistisesta suhteesta on ennen kaikkea päätös pitää huolta itsestään. Se on välttämätön hyvinvointisi ja identiteettisi kannalta. Sinulla on oikeus parempaan ja turvallisempaan elämään.

Kun teet pieniä konkreettisia askeleita kohti tätä päämäärää, saat lisää itsevarmuutta ja uskoa siihen, että elämä ilman narsistia on mahdollista. Irtautuminen ei ole pelkkä fyysinen ero, vaan myös henkinen prosessi, jossa opit irrottautumaan narsistin vallankäytöstä ja kontrollista.

Fenix on kuin elämäsi voimavarojen symboli – kun kaikki näyttää olevan tuhkana, sinussa herää uusi voima, joka nostaa sinut korkeammalle kuin koskaan ennen.

Piilevän potentiaalin löytäminen ja itseensä uskominen

Narsistinen suhde voi tukahduttaa aidon minäsi, taitosi ja kykysi. Kun jatkuvasti kohtaat vähättelyä ja alistamista, alat uskoa, että tarpeesi eivät ole tärkeitä, ajatuksesi ovat vääränlaisia tai sinussa on moni asia vialla. Totuus kuitenkin on, että omaat valtavasti piilossa olevaa potentiaalia, joka on kutistunut olosuhteista johtuen. Monet uhrit kuvaavat tätä "itsensä menettämisenä".

Tämän harjoituksen tarkoituksena on auttaa sinua löytämään uudelleen oma voimasi ja uskomaan, että sinulla on kaikki tarvittavat kyvyt ja voimavarat rakentaa itsellesi parempi tulevaisuus.

Ohje:

1. **Tunnista piilotetut lahjasi ja vahvuutesi.**
   Mieti elämänalueita, joilla sinua on aiemmin kiinnostanut kehittyä tai joissa olet tuntenut olevasi vahva. Kirjoita vastaukset seuraaviin kysymyksiin:

- Mitä asioita halusin ennen suhdetta tehdä tai saavuttaa?
- Missä asioissa olin hyvä, ennen kuin aloin epäillä kykyjäni?
- Onko minulla ollut unelmia, joita en ole uskaltanut tavoitella, millaisia?

____

____

____

____

____

2.Tarkastele nykyisiä vahvuuksiasi.

Narsistisessa suhteessa olet joutunut selviytymään haastavista tilanteista, ja se on antanut sinulle selviytymistaitoja, vaikka et itse sitä tiedostaisikaan.

Pohdi seuraavia kysymyksiä:

- Miten olen onnistunut selviytymään tähän asti? Mitä vahvuuksia olen käyttänyt selviytyäkseni vaikeista tilanteista?
- Miten nämä vahvuudet voivat auttaa minua jatkossa?
- Onko jokin taito tai kyky, jota olen huomaamattani kehittänyt selviytyessäni vaikeuksista?

____

____

____

____

____

3.Kuvittele paras versio itsestäsi.

Kuvittele, että sinulla ei olisi mitään rajoitteita tai esteitä – ei epäilyksiä, ei pelkoa, ei negatiivisia vaikutteita.

Millainen olisit? Mitä haluaisit saavuttaa?
Kirjoita, miltä elämäsi näyttäisi, jos voisit käyttää täyttä potentiaaliasi:

- Mitä asioita haluaisin tehdä tai kokeilla?
- Mitä unelmia haluaisin saavuttaa, jos voisin olla rohkeampi?
- Miltä kehossani tuntuu, kun uskon täysin omaan kykyyni saavuttaa nämä asiat?

____

____

____

____

4.Kehitä itseluottamustasi pienin askelin.

Itseensä uskominen ei vahvistu yhdessä yössä, mutta voit alkaa rakentaa itseluottamustasi pala kerrallaan. Mieti pieniä askelia, jotka voit ottaa oman potentiaalisi vapauttamiseksi.

Voit esimerkiksi:

- Alkaa opetella jotain uutta taitoa, josta olet aina ollut kiinnostunut.
- Asettaa pienen tavoitteen, joka liittyy johonkin unelmaasi, ja aloittaa sen toteuttamisen.
- Rohkaista itseäsi ottamaan pieniä riskejä ja astumaan epämukavuusalueelle.

____

____

____

____

____

____

5. Harjoittele uskoa itseesi.

Mieti uusi, positiivinen uskomus itsestäsi ja kyvyistäsi. Tämä voi olla esimerkiksi: *"Minulla on potentiaalia saavuttaa unelmani ja elää merkityksellistä elämää."* Palaa tähän uskomukseen säännöllisesti ja muistuta itseäsi siitä, että sinulla on kaikki tarvittavat voimavarat ja kyvyt.

Kirjoita kolme vahvuutta, jotka sinulla on nyt, ja kolme unelmaa, joita haluat alkaa tavoitella. Tunnista, mikä pieni askel vie sinut lähemmäs näitä unelmia, ja kirjaa se. Toimi sen mukaisesti, kun suinkin jaksat.

____

____

____

____

____

Päivittäinen vahvistus

Aina kun kohtaat epäilyksiä itsestäsi, toista: *"Minä olen vahva, ja minulla on piilevää potentiaalia, jonka aion vapauttaa."*

Kirjoita tämä vahvistus ja palaa siihen aina, kun tunnet olosi epävarmaksi.

____

____

____

____

Piilevä potentiaali on kuin nuppu puussa – se näyttää vaatimattomalta, mutta oikeissa olosuhteissa se puhkeaa kukkaan ja paljastaa täyden kauneutensa.

5.Kolmas askel: toipuminen traumaattisista kokemuksista

Irtautuminen narsistisesta suhteesta on toinen askel kohti parempaa elämää. Sen jälkeen tulisi päästä toipumaan suhteen tuottamista traumaattisista kokemuksista. Narsistisessa suhteessa eläminen jättää syviä haavoja itsetuntoon ja kykyyn luottaa itseensä ja muihin. Henkisen väkivallan, manipuloinnin ja kontrolloinnin tuloksena uhri alkaa hiljalleen uskoa väitteisiin arvottomuudestaan, syyllisyydestään tai viallisuudestaan.

Ratkaisukeskeisessä lähestymistavassa traumaattisista kokemuksista toipumisen keskiössä on siirtyminen menneisyydestä kohti parempaa tulevaisuutta. Vaikka menneet kokemukset ovat osa sinua, ne eivät määrittele tulevaisuuttasi. Tämä vaihe keskittyy omien voimavarojen tunnistamiseen ja vahvistamiseen, jotta voit rakentaa vahvemman ja itsenäisen pohjan elämällesi.

Yksi ratkaisukeskeisen lyhytterapian tärkeimmistä periaatteista on se, että **jokaisella ihmisellä on jo olemassa voimavaroja, joita voi hyödyntää toipumisprosessissa.**
Narsistipuolison uhri on jo selviytynyt lukuisista haasteista. Selviytymiskeinojen tunnistaminen ja vahvistaminen on keskeinen askel toipumisessa.

Pohdintatehtävä: Selviytymisen voimavarat

Kirjoita kolme asiaa, joita olet tehnyt selviytyäksesi vaikeista hetkistä. Ne voivat olla pieniä tekoja, kuten ajan viettäminen ystävien kanssa, liikunta tai kirjoittaminen, tai suurempia toimia, kuten ammattiavun hakeminen.

- Mitkä ovat olleet merkittävimpiä selviytymiskeinojasi tähän asti?
- Miten ne ovat auttaneet sinua pitämään itsesi kasassa vaikeina aikoina?

____

____

____

____

____

____

Näiden selviytymiskeinojen tunnistaminen auttaa sinua hahmottamaan sisäisiä voimavarojasi, joita voit käyttää jatkossakin. Vaikka et aina ole tietoisesti ajatellut toimivasi itsesi hyväksi, olet tehnyt merkittäviä asioita auttaaksesi itseäsi selviytymään. Tämä luo pohjaa tulevalle toipumisellesi.

Uuden identiteetin rakentaminen

Narsistisessa suhteessa eläminen rikkoo käsityksen omasta itsestä ja arvosta. Saatat tuntea olevasi hukassa tai epävarma siitä, kuka todella olet ja mitä haluat. On tarpeen rakentaa uudelleen omaa identiteettiäsi ja arvoasi.

Pohdintatehtävä: Parhaan mahdollisen tulevaisuuden kuvittelu

Kuvittele, että olet toipunut täysin kokemuksistasi. Kuvittele, millaista elämäsi on silloin: mitä näet, kuulet, tunnet, teet, keitä ihmisiä ympärilläsi on, mitä unelmia sinulla on?

Kirjoita vastaukset seuraaviin kysymyksiin:

- Miltä elämäni näyttää, kun olen toipunut tästä kokemuksesta ja voin hyvin?
- Miten käyttäydyn, mitä ajattelen itsestäni ja mitä tunteita koen päivittäin?

____

____

____

____

____

Tämä harjoitus auttaa sinua keskittymään siihen, millaista elämä voi olla toipumisen jälkeen. Se tarjoaa toivoa ja konkreettisen vision tulevaisuudesta, joka ei ole enää sidoksissa menneisiin traumoihin. Kun sinulla on selkeä kuva siitä, mitä haluat saavuttaa, on helpompi tehdä pieniä päivittäisiä tekoja kohti tuota tavoitetta.

Toipuminen ei ole lineaarinen prosessi. On tärkeää ymmärtää, että voit kokea välillä takapakkeja, epävarmuutta tai jopa hetkellisiä taantumia. Tämä on normaalia, eikä se tarkoita, että et etenisi. Ole armollinen itsellesi ja anna itsellesi lupa edetä omaan tahtiisi.

Ratkaisukeskeinen lähestymistapa painottaa sitä, että jokainen pieni edistysaskel on tärkeä ja vie sinua eteenpäin. Keskity siihen, mitä voit tehdä tänään, jotta huominen olisi hieman parempi. Jatka niiden voimavarojen ja keinojen hyödyntämistä, jotka ovat jo auttaneet sinua vaikeina aikoina.

Pohdintatehtävä: Pienten onnistumisten huomioiminen

- Mieti, mitä pieniä onnistumisia olet saavuttanut viimeisten viikkojen aikana.
- Kirjoita kolme asiaa, joista voit olla ylpeä ja jotka osoittavat, että olet menossa eteenpäin, vaikka matka ei olisi aina ollut suora.

____

____

____

____

____

____

____

Nämä harjoitukset vahvistavat käsitystäsi siitä, että toipuminen on mahdollista, ja auttavat sinua keskittymään tulevaisuuteen menneisyyden sijasta. Jokainen pieni askel vie sinut lähemmäs täyttä toipumista ja elämää, jossa sinä itse päätät omista rajoistasi, arvoistasi ja tavoitteistasi.

Tunteet kohtaamalla ne muuttuvat
kuin nauhat, jotka löytävät solmunsa
– vapautuvat, järjestyvät ja
tuovat tilalle rauhan.

Vaikeiden tunteiden hyväksyminen ja vapauttaminen

Elettyäsi narsistisessa suhteessa sisällesi on saattanut kertyä paljon vaikeita tunteita, ja se on vahingollista. Ehkä olet tukahduttanut tunteesi pitääksesi rauhan yllä tai vältelläksesi konflikteja, tai ehkä olet joutunut häpeämään omia tunteitasi. Nyt on aika kohdata ja käsitellä näitä tunteita, jotta voit vapautua niiden painolastista ja jatkaa eteenpäin. Vaikeiden tunteiden käsittelyssä ei ole kyse tunteista eroon pääsemisestä, vaan siitä, että annat itsellesi luvan kokea, hyväksyä, ja päästää tunteet irti.

Ohje:

1. Tunnista tunteesi.

Ota hetki aikaa pysähtyäksesi ja tunnistaaksesi, mitä tunteita koet juuri nyt. Kysy itseltäsi:

- Mitä tunteita minussa nousee, kun ajattelen itseäni ja menneisyyttäni narsistisessa suhteessa?
- Koenko vihaa, surua, pelkoa, häpeää tai syyllisyyttä? Onko jokin näistä tunteista erityisen voimakas?
- Missä tunnen nämä tunteet kehossani (esim. vatsassa, rinnassa, hartioissa)?

____

____

____

____

____

2. Hyväksy tunteesi.

Tunteiden kieltäminen tai tukahduttaminen voi voimistaa niitä. Sen sijaan yritä hyväksyä tunteesi sellaisina kuin ne ovat, ilman että arvostelet niitä. Tunteet ovat luonnollisia reaktioita kokemaasi kipuun.

- Sano itsellesi: "*On normaalia tuntea näin, kun on ollut vaikeissa tilanteissa.*"
- Anna itsellesi lupa kokea tunteet täysin, olipa kyseessä viha, pelko, suru tai mikä tahansa muu epämiellyttävä tunne. Ne ovat osa paranemisprosessiasi.

3. Anna tunteille nimi ja ilmaisu.

Tunteiden nimeäminen voi auttaa sinua selkeyttämään, mitä tunnet ja miksi. Voit myös antaa tunteille fyysisen ilmaisun turvallisessa ympäristössä.

Esimerkiksi:

- Kirjoita tunteistasi päiväkirjaan. Kirjoita vapaasti ilman sensuuria, mitä tunnet ja miksi.
- Jos tunnet vihaa, voit huutaa tai karjua, hakata tyynyä, puristella stressipalloa tai tehdä muuta fyysistä aktiviteettia purkaaksesi tunteen turvallisesti.
- Jos tunnet surua, anna itsellesi lupa itkeä ja tuntea surun syvyys.

____

____

____

____

4. Pysy tunteen kanssa, mutta älä jää siihen kiinni.

Vaikeiden tunteiden kanssa oleminen voi tuntua pelottavalta, mutta niiden läpikäyminen on tärkeää, jotta voit vapautua niiden painosta. Pysy tunteen kanssa jonkin aikaa ja anna sen tulla ja mennä omalla painollaan.

Huomaa, että tunteet tulevat aaltoina: ne nousevat, saavuttavat huipun ja lopulta laskevat. Voit käyttää hengitystä apunasi rauhoittaaksesi itsesi, jotta tunne alkaa laantua.

5. Päästä irti ja anna itsellesi lupa jatkaa.

Kun olet kokenut ja hyväksynyt tunteesi, voit vähitellen päästää niistä irti. Tämä ei tarkoita tunteiden tukahduttamista, vaan sitä, että hyväksyt niiden olemassaolon ja annat itsellesi luvan siirtyä eteenpäin.

Voit sanoa itsellesi:

- *"Minulla on oikeus tuntea näin, mutta tämä tunne ei määritä minua."*
- *"Olen kokenut tämän tunteen, ja nyt olen valmis päästämään siitä irti ja jatkamaan eteenpäin."*

Itsehoitoharjoitus:

- **Kirjoita ylös tunteesi.**
  Tee lista vaikeista tunteista, joita koet tällä hetkellä. Kirjoita jokaisen tunteen viereen, miksi uskot kokevasi sen, ja anna itsellesi lupa kokea se ilman tuomitsemista.

- **Tunnepäiväkirja.**
  Pidä tunteista päiväkirjaa: kirjaa päivittäin ylös, mitä tunteita koet ja millaisissa tilanteissa ne nousevat. Tämä auttaa sinua tiedostamaan tunteitasi ja käsittelemään niitä järjestelmällisesti.

____

____

____

Vapauttava lauseke.

Kehitä itsellesi vapauttava lauseke, jota voit käyttää aina, kun haluat päästää irti voimakkaasta tunteesta.

Se voi olla esimerkiksi: *"Minulla on oikeus tuntea näin, mutta olen myös vapaa siirtymään eteenpäin."* Käytä tätä lauseketta, kun tunnet olevasi valmis vapautumaan tunteesta.

Kyyhky on kuin rauhan ja
vapauden kutsu – kun kahleesi
murtuvat, se johdattaa sinut
kohti tasapainoista ja
valoisaa tulevaisuutta.

Turvapaikka: rauhan ja turvan löytäminen

Tämä on mielikuvaharjoitus, jossa luot mielessäsi turvapaikan. Voit palata sinne aina, kun tunnet olosi uhatuksi, ahdistuneeksi tai tarvitset hengähdystauon. Turvapaikassa koet olosi rauhalliseksi, suojatuksi ja olet täysin omassa hallinnassasi.

Ohje:

1. **Etsi rauhallinen paikka harjoituksen tekemiseen.**

   Varaa itsellesi muutama minuutti aikaa. Istu tai makaa mukavasti ja sulje silmäsi.

2. **Kuvittele mielessäsi turvallinen paikka.**

   Paikka voi olla tuttu paikka, kuten mökki, metsä tai ranta, tai täysin mielikuvituksesi tuote. Tärkeintä on, että paikka tuntuu sinulle rauhoittavalta ja turvalliselta.

3. **Lisää yksityiskohtia.**

   Miltä paikkasi näyttää, miltä siellä tuoksuu, mitä ääniä kuulet? Onko lähelläsi luonnon ääniä, kuten tuulen huminaa tai veden solinaa? Miltä siellä tuntuu – onko ilma lämmin, viileä tai juuri sopiva?

4. **Tunne turva ja rauha.**

   Kuvittele, että olet tässä turvapaikassasi täysin suojassa. Mikään tai kukaan ei voi vahingoittaa sinua täällä. Anna itsellesi lupa levätä ja tuntea rauhan tunne. Tunne, miten turva ja rauhallisuus virtaavat kehoosi ja mielesi alkaa rentoutua.

5. **Vahvista paikkaasi.**

   Tee tästä paikasta täysin vain sinun oma paikkasi. Voit lisätä sinne esineitä, värejä tai elementtejä, jotka tuovat sinulle lisäturvaa. Ehkä se on ovi, jonka voit sulkea, tai pehmeä viltti, johon voit kääriytyä. Voit myös kuvitella sinne henkilöitä tai eläimiä, jotka tuovat sinulle turvaa.

6. **Palaa todellisuuteen omaan tahtiisi.**

   Kun tunnet olosi rauhalliseksi ja valmiiksi, hengitä syvään muutaman kerran ja palaudu takaisin tähän hetkeen. Muista, että voit suojautua tähän turvapaikkaasi milloin tahansa, kun tarvitset tauon tai haluat tuntea olosi turvalliseksi.

Kirjoita muistiin turvapaikkasi kuvaus.

Kuvittele, että kirjoitat jonkun toisen luettavaksi, millainen tämä paikka on. Miksi se tuntuu sinulle turvalliselta? Mitä elementtejä haluat pitää mukana turvapaikassasi?

____

____

____

____

____

Harjoittele turvapaikassa käyntiä säännöllisesti.

Tee tämä harjoitus aina, kun tarvitset hetken rauhaa tai tunnet olosi ahdistuneeksi. Mitä enemmän käytät tätä mielikuvaharjoitusta, sitä helpommin pääset eri tilanteissa turvapaikkaasi ja koet olosi nopeasti rauhallisemmaksi.

Sisäinen turvapaikkasi on
kuin hiljainen metsä, jossa
jokainen puu on voimavarasi –
aina lähelläsi, juurtuneena
syvälle maahan, tarjoten suojaa
ja rauhaa, kun sitä eniten tarvitset.

Itsemyötätunto

Tämä harjoitus auttaa sinua kehittämään ystävällisyyttä ja hyväksyntää itseäsi kohtaan. Narsistisessa suhteessa itsesi arvostaminen on romahtanut ja olet alkanut uskoa narsistin kritiikkiin. Saatat olla ankara itsellesi ja syyttää itseäsi siitä, että olet sallinut kaiken tapahtuvan. Itsemyötätunto auttaa sinua tunnistamaan, että olet arvokas ja ansaitset hyväksynnän juuri sellaisena kuin olet.

Ohje:

1. **Hiljenny hetkeksi.**

   Etsi rauhallinen paikka ja istu tai makaa mukavasti. Sulje silmäsi ja keskity hengitykseesi. Ota muutama syvä hengenveto ja rauhoitu hetkeen.

2. **Tunnista vaikea tilanne tai ajatus.**

   Ajattele tilannetta, jossa tunnet olosi epäonnistuneeksi, riittämättömäksi tai jollain tapaa huonoksi. Tämä voi liittyä narsistiseen suhteeseesi tai johonkin toiseen kokemukseen, jossa sinua on kohdeltu epäoikeudenmukaisesti.

3. **Luo ystävällisyyttä itseäsi kohtaan.**

   Kysy itseltäsi: *"Jos ystäväni olisi tässä tilanteessa ja kokisi nämä tunteet, mitä sanoisin hänelle?"* Miten voisit puhua itsellesi samalla lempeydellä ja hyväksynnällä kuin ystävällesi?

   - Sano itsellesi: *"Tämä on vaikeaa, mutta olen tehnyt parhaani."*
   - *"Ansaitsen myötätuntoa ja ymmärrystä, myös itseäni kohtaan.*

4. **Yhdistä itsemyötätunto laajempaan ihmisyyteen.** Muista, että jokainen kokee joskus epäonnistumisia, vaikeuksia tai tuntee itsensä riittämättömäksi. Tämä kuuluu ihmisyyteen. Et ole yksin tunteidesi kanssa, ja on inhimillistä kokea näitä hetkiä.
   - Sano itsellesi: "*En ole yksin tässä. Tämä on osa elämää, jota jokainen ihminen käy läpi.*"

Lähetä itsellesi myötätuntoa.

Kuvittele, että voit lähettää itsellesi lämpöä ja myötätuntoa. Jos haluat, voit jopa laittaa kätesi sydämesi päälle ja tuntea, miten myötätunto virtaa itseesi. Sano itsellesi: "*Olen arvokas ja ansaitsen itseltäni hyväksyntää. Hyväksyn itseni sellaisena kuin olen, tässä ja nyt.*"

Itsehoitoharjoitus:

Kirjoita ylös ajatuksesi.

Millaisia tunteita nousi esiin? Miltä tuntui antaa itsellesi myötätuntoa ja hyväksyntää? Mitä voit tehdä päivittäin ollaksesi ystävällisempi itsellesi?

____

____

____

____

Toista harjoitusta säännöllisesti.

Harjoittele itsemyötätuntoa aina, kun huomaat puhuvasi itsellesi kriittisesti tai ankarasti. Mitä enemmän harjoitat itsemyötätuntoa, sitä luonnollisemmaksi se käy ja sitä vahvemmin pystyt vastustamaan narsistisen suhteen aiheuttamia negatiivisia vaikutuksia itseesi.

Itsemyötätunto on kuin
lempeä käsi, joka nostaa
särkyneen esineen ja korjaa
sen rakkaudella – hyväksyen
jokaisen särön osaksi sen kauneutta.

6.Neljäs askel: itsen vahvistaminen ja rajojen asettaminen

Irtautumisen ja traumaattisista kokemuksista toipumisen jälkeen on aika keskittyä oman itsen vahvistamiseen, jotta voit välttyä joutumasta uudelleen narsistin uhriksi ja rakentaa terveitä ihmissuhteita tulevaisuudessa. Narsistisen suhteen jälkeen itsetunto ja itseluottamus ovat alhaisella tasolla. Sen vuoksi on tärkeää työskennellä aktiivisesti itsensä vahvistamiseksi. Tämä vaihe auttaa sinua luomaan vahvemman perustan omalle identiteetillesi ja ymmärtämään rajasi ja tarpeesi.

Rajojen asettaminen on keskeinen osa tämän vaiheen työtä. Narsistisessa suhteessa uhrin rajat on toistuvasti ylitetty ja häntä on manipuloitu luopumaan omista tarpeistaan toisen hyväksi. On erityisen tärkeää opetella asettamaan rajat uudelleen ja pitämään ne vahvoina.

Itsetunnon ja omien rajojen vahvistaminen

Itsetunnon vahvistaminen alkaa oman arvon tunnistamisesta. Narsisti on vähätellyt sinua ja saanut sinut tuntemaan, ettet ole tarpeeksi hyvä tai riittävä hänelle tai kenellekään. Nyt on aika irtautua tästä vääristyneestä kuvasta ja rakentaa uusi, todellinen käsitys omasta arvostasi.

Pohdintatehtävä: Poikkeustilanteiden tunnistaminen

Vaikka narsistinen suhde on voinut hämärtää itsetuntoasi, on varmasti ollut hetkiä, jolloin olet onnistunut asettamaan rajoja ja toimimaan oman hyvinvointisi puolesta. Tämä harjoitus auttaa sinua tunnistamaan nuo hetket ja hyödyntämään niitä tulevaisuudessa.

Muistele hetkiä, jolloin olet onnistunut asettamaan rajat jossain ihmissuhteessasi, oli se sitten nykyisessä suhteessa tai menneissä suhteissa.

Kirjoita vastaus seuraaviin kysymyksiin:

- Milloin olen onnistunut sanomaan "ei" tai pitämään kiinni omista tarpeistani?
- Mikä auttoi minua onnistumaan tässä?
- Mitä näistä kokemuksista voin oppia ja käyttää tulevaisuudessa omien rajojeni vahvistamiseen?

____

____

____

____

____

____

Poikkeustilanteiden tunnistaminen antaa sinulle voimaa nähdä, että sinulla on jo olemassa keinoja suojella itseäsi. Voit käyttää näitä voimavaroja myös uusissa tilanteissa ja vahvistaa siten kykyäsi asettaa rajoja.

Terveiden ihmissuhteiden piirteet

Terveet ihmissuhteet perustuvat vastavuoroisuuteen, kunnioitukseen ja tasapainoon. Narsistisessa suhteessa nämä elementit puuttuvat, koska narsisti keskittyy itseensä ja omien tarpeidensa täyttämiseen muiden kustannuksella. On tärkeää tunnistaa, millaiset ihmissuhteet ovat terveitä ja miten voit välttää joutumasta uudelleen toksisiin suhteisiin.

Pohdintatehtävä: Terveiden rajojen luominen

Kuvittele, että olet aloittamassa uutta ihmissuhdetta. Mieti, mitkä ovat ne rajat ja odotukset, jotka haluat asettaa, jotta suhde pysyy terveenä ja tasapainoisena.

Kirjoita ylös vastaukset seuraaviin kysymyksiin:

- Mitä haluan ja tarvitsen terveestä ihmissuhteesta?
- Mitä rajoja minun tulee asettaa suojellakseni itseäni ja omaa hyvinvointiani?
- Miten voin viestiä nämä rajat selkeästi toiselle henkilölle?

____

____

____

____

____

Kun tiedostat omat rajasi ja tarpeesi etukäteen, pystyt paremmin tunnistamaan tilanteet, joissa niitä yritetään ylittää. Terveiden rajojen asettaminen on vahva työkalu oman hyvinvoinnin ylläpitämisessä ja se auttaa sinua pitämään huolta itsestäsi myös tulevissa ihmissuhteissa.

Uuden itseluottamuksen rakentaminen

Rajojen asettaminen ja hyvinvoinnista huolehtiminen vahvistavat vähitellen itsetuntoasi ja itseluottamustasi. Kun alat huomata, että voit suojella itseäsi ja asettaa rajoja, tunnet olosi vahvemmaksi ja arvokkaammaksi. Tämä uusi itseluottamus antaa sinulle valmiudet rakentaa tasapainoisia ihmissuhteita ja välttämään narsistien tai muiden manipuloivien ihmisten vaikutusvaltaa. Pystyt myös sanomaan tarvittaessa heti alussa *"Ei!"*.

Rajojen asettaminen on kuin
avautuva portti – se näyttää,
mihin olet valmis kutsumaan toiset,
mutta samalla suojelee sisintäsi niin,
että voit päättää, mitä
jää sen ulkopuolelle.

Haitallisten uskomusten muokkaaminen

Kun olet elänyt pitkään narsistisessa suhteessa, sinuun on saattanut iskostua uskomuksia, jotka eivät perustu todellisuuteen, vaan narsistisen puolison manipulaatioon ja henkiseen alistamiseen.

Nämä uskomukset voivat olla esimerkiksi:

- *"En ansaitse hyvää kohtelua."*
- *"Olen epäonnistunut kaikessa."*
- *"Minusta ei ole mihinkään ilman puolisoani."*

Nämä negatiiviset uskomukset eivät ole totta, mutta ne voivat tuntua todellisilta narsistisen suhteen jäljiltä.

Uskomustyöskentely auttaa sinua tunnistamaan ja haastamaan nämä vääristyneet ajatukset ja korvaamaan ne uusilla, myönteisillä uskomuksilla, jotka perustuvat todellisuuteen ja siihen, mitä itse todella haluat uskoa itsestäsi.

Ohje:

1. **Tunnista negatiiviset uskomukset.**

   Mieti tilanteita, joissa koet olosi erityisen epävarmaksi, riittämättömäksi tai arvottomaksi. Kirjoita ylös kaikki ajatukset, jotka nousevat esiin näissä tilanteissa.

   Esimerkiksi:

   - *"Minusta ei ole mihinkään."*
   - *"Olen heikko, koska en ole pystynyt lähtemään aiemmin."*

2. **Tarkastele uskomuksen alkuperää.**

Kysy itseltäsi:

- Mistä tämä uskomus on peräisin?
- Onko joku muu, esimerkiksi narsistinen puolisosi, saanut sinut uskomaan näin itsestäsi?
- Perustuuko tämä uskomus tosiasioihin vai jonkun toisen asettamiin odotuksiin?

Voit huomata, että nämä uskomukset eivät ole peräisin sinusta itsestäsi, vaan saattavat olla narsistin manipulaation tulosta.

4. Haasta uskomus.

Kysy itseltäsi:

- Onko tämä uskomus täysin totta?
- Voinko löytää esimerkkejä tilanteista, joissa tämä uskomus ei pidä paikkaansa?
- Miten ystäväni tai läheiseni näkisivät minut – uskoisivatko he tämän uskomuksen olevan totta?

Tämä auttaa sinua näkemään, että negatiiviset uskomuksesi eivät ole objektiivisia totuuksia, vaan vääristyneitä käsityksiä, joita narsistinen suhde on voinut synnyttää.

5. Luo uusi, positiivisempi uskomus.

Kun olet haastanut negatiivisen uskomuksen, korvaa se myönteisemmällä, realistisella uskomuksella.

Esimerkiksi:

- Negatiivinen uskomus: *"En ansaitse hyvää kohtelua."*
- Uusi uskomus: *"Ansaitsen tulla kohdelluksi kunnioituksella ja rakkaudella."*

- Negatiivinen uskomus: *"Olen epäonnistunut, koska en ole lähtenyt aiemmin."*
- Uusi uskomus: *"Olen selvinnyt vaikeasta tilanteesta, ja teen parhaani tässä hetkessä."*

6. Vahvista uutta uskomusta.

Kirjoita uusi uskomuksesi ja palaa siihen aina, kun huomaat vanhan negatiivisen uskomuksen nousevan esiin. Voit myös kirjoittaa uusia uskomuksia vahvistavia asioita muistiin, kuten esimerkkejä tilanteista, joissa toimit itseäsi kunnioittaen ja vastuullisesti.

____

____

____

____

Itsehoitoharjoitus:

- Tunnista vähintään yksi rajoittava toimintatapasi, esimerkiksi: *"En ole rakastamisen arvoinen."* tai *"En ole tarpeeksi hyvä puoliso."*
- Tunnista sen taustalla oleva negatiivinen uskomus, joka on peräisin narsistisesta suhteesta.
- Kirjoita uskomus ja käy läpi yllä esitetyt kysymykset: mistä se on peräisin, onko se totta, ja miten voit korvata sen myönteisemmällä uskomuksella?
- Kirjoita uusi uskomus ja pidä se helposti saatavilla muistuttamaan itseäsi uudesta ajattelutavastasi.

____

____

____

____

____

Rajoittavien uskomusten purkaminen
on kuin vapauttaisi taivaan kahleista –
yhtäkkiä voi hengittää syvemmin,
nähdä kirkkaammin ja lentää vapaasti
kohti unelmiaan.

Arvot: löydä uudelleen se, mikä on sinulle tärkeää

Narsistisessa suhteessa eläminen voi hämärtää sitä, mitkä asiat ovat sinulle todella tärkeitä. Kun olet ollut alistavan ja manipuloivan käytöksen kohteena, saatat unohtaa, millaista elämää todella haluaisit elää. Arvotyöskentely auttaa sinua tunnistamaan ja selkeyttämään ne asiat, jotka ovat sinulle merkityksellisiä, ja ohjaamaan tulevaisuuttasi näiden arvojen mukaisesti.

Arvotyöskentelyssä selvität, mitä asioita pidät elämässäsi tärkeinä ja miten voit alkaa elää niiden mukaisesti. Tämä auttaa sinua tekemään tietoisia valintoja, jotka tukevat hyvinvointiasi ja itsekunnioitustasi.

Ohje:

1. **Tunnista tärkeimmät arvosi.**

   Pysähdy hetkeksi miettimään, mitkä asiat elämässäsi ovat sinulle todella tärkeitä. Voit pohtia eri elämänalueita, kuten:

   - Ihmissuhteet: Mitä arvostat ihmissuhteissasi? Millaista kohtelua odotat muilta, ja miten haluat itse kohdella toisia?
   - Työ ja ura: Mitkä asiat työssä tai urallasi ovat sinulle merkityksellisiä? Miten haluat kehittyä tai panostaa työssäsi?
   - Terveys ja hyvinvointi: Miten haluat pitää huolta itsestäsi henkisesti ja fyysisesti?
   - Vapaa-aika: Mitkä asiat tuovat sinulle iloa ja merkitystä vapaa-ajalla?

2. **Tunnista arvosi.**

Määritä 3–5 tärkeintä arvoasi. Ne voivat olla asioita, kuten:

- Rehellisyys
- Kunnioitus
- Vapaus
- Ystävällisyys
- Itsenäisyys
- Kasvu ja oppiminen

3. **Pohdi, elätkö näiden arvojen mukaisesti.**

Narsistisessa suhteessa eläessäsi olet saattanut joutua tinkimään omista arvoistasi, kuten itsenäisyydestä tai kunnioituksesta. Pohdi seuraavia kysymyksiä:

- Oletko pystynyt elämään näiden arvojen mukaisesti?
- Mitkä asiat elämässäsi tukevat näiden arvojen toteutumista?
- Mitkä asiat estävät sinua elämästä arvojesi mukaan?

4. **Tee konkreettinen suunnitelma.**

Kun olet tunnistanut arvosi, mieti, miten voit alkaa tehdä pieniä muutoksia, jotta voisit elää arvojesi mukaisesti.

Esimerkiksi:

- Jos jokin arvoistasi on "itsenäisyys", mieti, miten voisit vahvistaa itsenäisyyttäsi arjessa, kuten tekemällä itsenäisiä päätöksiä tai kehittämällä uusia taitoja.
- Jos jokin arvoistasi on "kunnioitus", pohdi, millaisia suhteita haluat rakentaa tulevaisuudessa, ja miten voit pitää huolta siitä, että sinua kohdellaan kunnioituksella.

5. Arvojen mukainen elämä.

Sitoudu siihen, että teet arvojasi tukevia valintoja. Tämä voi tarkoittaa suuria tai pieniä askelia: voit esimerkiksi harjoitella sanomaan *"ei"* tilanteissa, jotka rikkovat arvojasi, tai voit alkaa vahvistaa ihmissuhteita, jotka tukevat sitä, mitä todella arvostat.

Itsehoitoharjoitus:

Kirjoita tärkeimmät arvosi ja miten haluat niiden näkyvän elämässäsi.

Kun olet tunnistanut 3–5 tärkeintä arvoasi, kirjoita, miten nämä arvot näkyvät tai voisivat näkyä arjessasi. Mitä voisit tehdä, jotta eläisit enemmän näiden arvojen mukaisesti?

____

____

____

____

____

____

Tarkista arvosi säännöllisesti.

Aina kun teet päätöksiä tai kohtaat vaikeita tilanteita, palaa arvoihisi. Ne voivat toimia ohjenuorana valinnoissasi ja auttaa sinua pysymään omalla polullasi, kun rakennat uutta elämää narsistisesta suhteesta toipumisen jälkeen.

Jos arvosi olisivat tähtiä,
millä tavalla ne valaisisivat
tietäsi tulevaisuuteen ja
millaista maisemaa ne
paljastaisivat ympärilläsi?

7. Viides askel: eteenpäin ilman pelkoa

Kun olet käynyt läpi irtautumisen, toipumisen ja itsesi vahvistamisen vaiheet, edessä on uusi vaihe elämässäsi: eteenpäin siirtyminen ilman pelkoa ja ilman menneisyyden painolastia. Tämä vaihe on täynnä mahdollisuuksia, mutta siihen liittyy myös haasteita. Kun olet ollut pitkään narsistisessa suhteessa, tulevaisuus voi tuntua epävarmalta ja pelottavalta. On tärkeää kuitenkin muistaa, että olet nyt matkalla kohti itsenäisempää, vahvempaa ja vapaampaa elämää.

Tässä vaiheessa opit käyttämään omia voimavarojasi, jotka olet vahvistanut toipumisprosessin aikana. On normaalia, että tunnet välillä epävarmuutta tai pelkoa kohdatessasi uusia tilanteita ja ihmissuhteita. Tämä ei kuitenkaan tarkoita, että olisit menossa takaisin vanhaan, vaan se on luonnollinen osa toipumismatkaa. Pelon sijaan sinun on nyt aika luottaa itseesi ja siihen työhön, jonka olet tehnyt päästäksesi tähän pisteeseen.

Elämä ilman narsistia

Kun olet päässyt irti narsistisesta suhteesta, elämäsi alkaa muotoutua uudelleen. Tämä voi tuntua vapauttavalta, mutta myös hämmentävältä. Aikaisemmin narsisti on ehkä määritellyt rajasi, arvosi ja jopa sen, miten näet itsesi. Nyt on sinun aikasi määritellä nämä asiat itse. Elämä ilman narsistista kumppania avaa tilaa itsenäisyydelle, terveille ihmissuhteille ja omien unelmien toteuttamiselle.

On tärkeää tiedostaa, että matka narsismista vapaaseen elämään ei ole aina suoraviivainen. Saatat kokea takapakkeja, hetkiä epävarmuudesta tai jopa hetkellistä kaipuuta takaisin tuttuun, vaikkakin vahingolliseen suhteeseen. Näinä hetkinä on tärkeää palata niihin periaatteisiin ja työkaluihin, joita olet käyttänyt tähän asti. Sinulla on jo kaikki tarvittavat keinot selviytyä näistä haasteista ja jatkaa eteenpäin.

Pohdintatehtävä: Menneisyyden ja tulevaisuuden erottaminen

Kirjoita asioita, jotka ovat jääneet menneisyyteen ja joita et enää halua osaksi elämääsi. Tämä voi olla narsistin kontrolloiva käyttäytyminen, omat pelot tai epävarmuudet.

____

____

____

____

Kirjoita asioita, joita haluat luoda tulevaisuuteesi. Mitä uusia mahdollisuuksia näet? Miten haluat rakentaa elämääsi eteenpäin, nyt kun olet vapaa menneisyydestä?

____

____

____

____

____

Tämä harjoitus auttaa sinua selkeyttämään ajatuksiasi ja tekemään tietoisia päätöksiä siitä, millainen tulevaisuus sinua odottaa ilman narsismia.

Tulevaisuuden mahdollisuudet ja haasteet

Elämä ilman narsistia tuo mukanaan valtavasti mahdollisuuksia. Voit keskittyä omiin tarpeisiisi, tavoitteisiisi ja unelmiisi, joita olet ehkä joutunut laiminlyömään suhteesi aikana. Samalla on tärkeää tiedostaa, että tulevaisuus tuo mukanaan myös haasteita, erityisesti uusissa ihmissuhteissa.

Kun alat rakentaa uutta elämää, saatat kohdata tilanteita, jotka muistuttavat sinua menneestä. Nämä voivat herättää vanhoja pelkoja tai epävarmuutta. Haasteet voivat liittyä esimerkiksi siihen, että opit luottamaan uusiin ihmisiin, tai siihen, että asetat rajoja uusissa ihmissuhteissa. Nämä ovat kuitenkin normaaleja osia toipumisprosessissa, ja jokainen kohtaamasi haaste antaa sinulle mahdollisuuden vahvistaa itseäsi entisestään.

Pohdintatehtävä: Uusien ihmissuhteiden rakentaminen

- Pohdi, millaisia asioita haluat uusilta ihmissuhteilta. Mitä odotuksia sinulla on tulevaisuudessa, kun tapaat uusia ihmisiä?
- Kirjoita muutamia periaatteita, joiden haluat ohjaavan uusia suhteitasi. Nämä voivat liittyä luottamukseen, kunnioitukseen ja vastavuoroisuuteen.

___

___

___

___

___

Kun määrittelet etukäteen, mitkä asiat ovat sinulle tärkeitä uusissa ihmissuhteissa, pystyt paremmin tunnistamaan ja välttämään manipuloivia tai narsistisia henkilöitä tulevaisuudessa.

Eteenpäin ilman pelkoa –
kuin kulkisi kukkivan puun alla.
Sen oksat kaartuvat suojaksi,
ja joka askeleella avautuu
uusia kukintoja, täynnä toivoa
ja mahdollisuuksia.

Voimauttava visiointi: kuvittele paras versio itsestäsi

Tämä visiointiharjoitus auttaa sinua kuvittelemaan parhaan version itsestäsi ja elämästäsi sen jälkeen, kun olet toipunut narsistisesta suhteesta. Narsistin manipulaatio ja alistaminen ovat saattaneet rajoittaa kykyäsi nähdä omaa potentiaaliasi ja tulevaisuuden mahdollisuuksia, mutta voimauttava visiointi auttaa sinua huomaamaan, mikä sinulle on mahdollista.

Ohje:

1. **Hae rauhallinen hetki ja paikka.**

   Asetu istumaan tai makaamaan mukavasti ilman häiriöitä. Sulje silmäsi ja ota muutama syvä hengenveto rentoutuaksesi.

2. **Kuvittele, että olet jo saavuttanut unelmiesi elämän.**

   Kuvittele, että olet vapautunut kaikista menneisyyden rajoitteista ja että elät nyt parasta mahdollista versiota elämästäsi.
   Millaista elämäsi on tässä hetkessä? Mitä asioita teet, jotka tuovat sinulle iloa ja merkitystä?
   Kuvittele yksityiskohtaisesti, millainen olet tässä uudessa elämässä.

   - Miltä sinusta tuntuu? Oletko rauhallinen, itsevarma, onnellinen?
   - Miten muut ihmiset näkevät sinut? Huomaavatko he muutoksia käytöksessäsi, itsevarmuudessasi tai energisyydessäsi?
   - Mitä asioita teet päivittäin, sellaisia, jotka ovat linjassa arvojesi ja unelmiesi kanssa?

3.Tunne voima ja vapaus.

Kuvittele, miltä tuntuu olla täysin vapaa menneisyyden kahleista. Tunnetko itsesi voimakkaammaksi, vahvemmaksi ja itsenäisemmäksi?

Kuvittele, kuinka elämäsi on muuttunut – miten päätät asioistasi ja valitset omat polkusi ilman rajoituksia.

- Mitkä ovat ne tärkeimmät muutokset, jotka olet tehnyt päästäksesi tähän tilanteeseen?
- Miten olet voinut toteuttaa omia unelmiasi ja tavoitteitasi?

4. Kuvittele onnistuminen.

Kuvittele, että olet kohdannut haasteita, mutta olet selvinnyt niistä omien vahvuuksiesi ja tukiverkostosi avulla. Miltä tuntuu tietää, että olet voittanut vaikeudet ja saavuttanut asioita, joita ehkä aiemmin pidit mahdottomina?

- Mikä on auttanut sinua pysymään vahvana ja jatkamaan eteenpäin?
- Millaiseksi tunnet olosi nyt, kun olet voittanut nämä esteet ja saavuttanut sen, mitä haluat?

6. Palaa tähän visioon.

Kun olet valmis, palaa takaisin tähän hetkeen ja avaa silmäsi. Muista, että tämä visio on sinun tulevaisuutesi, ja se on saavutettavissa, kun teet pieniä konkreettisia askelia kohti sitä.
Voit palata tähän visioon milloin tahansa, kun tarvitset voimaa ja motivaatiota jatkaa eteenpäin.

Itsehoitoharjoitus:

Kirjoita visiosi – miten näet itsesi tulevaisuudessa?

Heti visioinnin jälkeen kirjoita, mitä näit ja tunsit. Mitä asioita haluat muistaa tästä visiosta, ja mitkä ovat ne tärkeimmät asiat, joita haluat tavoitella? Kirjoita muistiin myös pienet askeleet, jotka vievät sinua kohti tätä visiota.

____

____

____

____

____

____

Luo voimauttava mantra.

Muotoile lyhyt ja positiivinen lause, joka kiteyttää voimauttavan visiosi. Tämä voi olla esimerkiksi: *"Minä olen vahva, vapaa ja kyvykäs saavuttamaan unelmani."*

____

____

____

____

Toista tämä mantra päivittäin muistuttaaksesi itseäsi siitä, että visiosi on mahdollista toteuttaa.

Tulevaisuus on kuin
avautuva portti
kirkkaaseen valoon –
se kutsuu astumaan eteenpäin,
jättäen menneen taakseen.

8.Lopuksi

Tämä prosessi on vaatinut sinulta paljon rohkeutta, voimaa ja sitoutumista. Narsistisen suhteen vaikutuksista toipuminen ei ole helppoa, mutta olet osoittanut, että muutos on mahdollinen. Nyt, kun olet käynyt läpi nämä vaiheet, on aika katsoa eteenpäin ja keskittyä tulevaisuuteen – sellaiseen elämään, jossa sinä itse määrittelet rajasi, arvosi ja tavoitteesi.

Olet saanut käyttöösi työkaluja, joita voit hyödyntää myös tulevaisuudessa kohdatessasi uusia haasteita ja mahdollisuuksia. Näitä työkaluja ovat olleet muun muassa omien voimavarojen tunnistaminen, tulevaisuuden tavoitteiden selkeyttäminen ja terveiden rajojen asettaminen ihmissuhteissa.

Ratkaisukeskeisen itsehoidon jatkuva käyttö

Matka narsistisesta suhteesta toipumiseen ja itsensä vahvistamiseen on pitkä ja monivaiheinen, mutta se ei lopu tähän. Ratkaisukeskeinen itsehoito on menetelmäkokonaisuus, jota voit käyttää koko loppuelämäsi ajan. Sen periaatteet – keskittyminen omiin voimavaroihin, tavoitteisiin ja konkreettisiin edistysaskeliin – voivat auttaa sinua missä tahansa elämänvaiheessa. Voit pitää huolta omasta hyvinvoinnistasi ja kehittää itseäsi myös uusissa tilanteissa. Voit palata näihin harjoituksiin ja periaatteisiin aina, kun kohtaat uusia haasteita.

Pohdintatehtävä: Ratkaisukeskeinen tulevaisuus

- Mieti, miten voit jatkossakin hyödyntää ratkaisukeskeisiä työkaluja elämässäsi. Mikä on seuraava tavoite, jonka haluat saavuttaa? Kirjoita pieniä askelia, joita voit ottaa tavoitteesi eteen.

- Pohdi, miten voit jatkaa omien voimavarojesi kehittämistä. Tunnista, mitkä voimavarat ovat olleet tärkeimpiä tähän mennessä, ja mieti, miten voit vahvistaa niitä edelleen.

____

____

____

____

____

____

____

Kiitos rohkeudestasi ja sitoutumisestasi tähän prosessiin.

Sinä ansaitset elämän, jossa koet olevasi arvokas, vapaa ja rakastettu omana itsenäsi.

Tulevaisuutesi on täynnä mahdollisuuksia, ja sinä itse voit ohjata sen suuntaa omilla valinnoillasi ja teoillasi.

Jatka matkaasi luottaen itseesi, potentiaaliisi ja voimavaroihisi.

Asiantuntija Maija Aurea

Olen narsistisen puolison ex-uhri ja selviytyjä.

Olen itse joutunut narsistisen puolison uhriksi ja selviytynyt uskomattomista haasteista. Kokemus jätti syvät jäljet, mutta samalla antoi minulle laajan ymmärryksen siitä, kuinka vaikeaa narsistisesta suhteesta irtautuminen, toipuminen ja oman itsen uudelleen rakentaminen voi olla. Se osoitti myös, että on mahdollista kehittyä entistä vahvemmaksi ihmiseksi, löytää piilevä potentiaalinsa sekä valtavasti uusia mahdollisuuksia.

Parasta on kuitenkin, että tämä kokemus on antanut minulle elämäntehtävän: *haluan auttaa muita, jotka ovat joutuneet samanlaisiin tilanteisiin.*

Kokemukseni on johtanut minut uudelle tielle. Olen kouluttautunut ratkaisukeskeiseksi lyhytterapeutiksi, NLP-coachiksi, hypnoterapeutiksi ja narsismiasiantuntijaksi. Tiedän, miten ihmiset voivat toipua ja vahvistua vaikeiden kokemusten jälkeen.

Ratkaisukeskeinen lähestymistapa on osoittautunut erityisen vahvaksi, sillä se keskittyy tulevaisuuteen ja ainutlaatuisiin henkilökohtaisiin mahdollisuuksiin.

Halusin laatia tämän oppaan kaikille, jotka ovat kokeneet narsistista parisuhdeväkivaltaa, hyväksikäyttöä ja kaltoinkohtelua. Opas tarjoaa ratkaisukeskeisiä käytännön työkaluja, jotka auttavat uhreja tunnistamaan tilanteensa, irtautumaan vahingollisista suhteista, toipumaan traumoistaan ja rakentamaan vahvemman itsetunnon tulevaisuutta varten.

Jotta kukaan ei joutuisi kulkemaan tätä matkaa yksin.

Olen valmiina auttamaan myös Sinua. Ota yhteyttä.

Maija Aurea

Ratkaisukeskeinen lyhytterapeutti
Narsistisen väkivaltatyön asiantuntija NATC (Narcissistic Abuse Treatment Clinician)
Sertifioitu hypnoterapeutti
NLP Coach
KTM, AmO
041 3104 656 (myös WhatsApp)

info.mentorea@gmail.com
www.terapiamentorea.com
www.narsismiterapeutti.com
www.narsistipuoliso.com

FB: @terapiamentorea, @narsistimagneetti
IG: @narsistipuoliso, @terapiamentorea
TikTok: @terapiamentorea

TERAPIA
Mentorea

Narsismi-
TERAPEUTTI

Narsisti
PUOLISO

Narsisti-
MAGNEETTI

9. Kirjallisuutta

Tekstissä ja harjoitteissa on hyödynnetty teemakohtaiseen tarpeeseen muokattuina otteita seuraavista lähteistä.

Ruutu & Putkisaari Toipumisorientaatio ja ratkaisukeskeisyys lyhytpsykoterapiassa. Duodecim, 2022.

Dolan, Yvonne: Pieni askel. Lyhytterapiainstituutti, 2017.

Kanninen & Uusitalo-Arola: Lyhytterapeuttinen työote. PS-Kustannus 2022.